Un frère de Nicolas Foucquet

FRANÇOIS

ARCHEVÊQUE DE NARBONNE

EXILÉ A ALENÇON

PAR

Louis DUVAL
Archiviste de l'Orne
MEMBRE CORRESPONDANT DE L'ACADÉMIE DES SCIENCES, ARTS ET BELLES-LETTRES DE CAEN

CAEN
HENRI DELESQUES, IMPRIMEUR-LIBRAIRE
RUE FROIDE, 2 ET 4

1894

A M. Léopold Delisle
hommage respectueux
Louis Dorez

Un frère de Nicolas Foucquet

FRANÇOIS

ARCHEVÊQUE DE NARBONNE

EXILÉ A ALENÇON

PAR

Louis DUVAL
Archiviste de l'Orne

MEMBRE CORRESPONDANT DE L'ACADÉMIE DES SCIENCES, ARTS
ET BELLES-LETTRES DE CAEN

CAEN

HENRI DELESQUES, IMPRIMEUR-LIBRAIRE
RUE FROIDE, 2 ET 4

—

1894

Extrait des Mémoires de l'Académie nationale des Sciences, Arts et Belles-Lettres de Caen.

UN FRÈRE DE NICOLAS FOUCQUET

FRANÇOIS

Archevêque de Narbonne, exilé à Alençon.

L'histoire de la chute de Nicolas Foucquet n'est plus à faire, après le travail impartial et complet de M. Jules Lair. Mais le surintendant, coupable ou non, ne fut pas seul atteint, et la colère du roi n'épargna aucun des membres de sa famille, pas même sa mère, femme d'une foi antique, qui, apprenant son arrestation, ne laissa échapper que ces paroles : « C'est maintenant, ô mon Dieu, que j'espère du salut de mon fils ! » Madame Foucquet la mère fut, comme sa bru, comme tous ses fils, soumise au bannissement. Toute la famille fut dispersée. Le frère aîné du surintendant, l'archevêque de Narbonne, fut exilé à Alençon. Son séjour y fut marqué par des bienfaits ; il y a laissé des souvenirs que le temps n'a pas complètement effacés, et il s'y est acquis, en quelque sorte, des droits de cité.

François Foucquet avait été le premier fruit d'une

union qui devait produire douze enfants. Il naquit à Paris, rue de Jouy, le 26 juillet 1611.

Fidèle aux anciennes traditions de sa famille, et préoccupé d'assurer l'avenir de ses enfants, dont le dernier garçon, Gilles, né en 1635, se trouvait de vingt-quatre ans plus jeune que son aîné, Foucquet le père, après avoir rempli avec succès des missions administratives pleines de difficultés, s'était appliqué à des entreprises commerciales et maritimes qui faisaient le plus grand honneur à son esprit d'initiative et qui montrent en lui un précurseur de Colbert. La grande œuvre de sa vie fut « l'organisation de la marine marchande et la colonisation des Antilles. »

Dans l'acte de société du mois de mai 1635, on trouve des stipulations en faveur des sauvages convertis et des gentilshommes qui iront s'établir dans cette colonie, sans rien diminuer de leur noblesse. Il s'employa également pour obtenir l'envoi de missionnaires à la Guadeloupe, à la Martinique, à la Guyane, au Canada. Il associait ses fils aînés à cette œuvre de colonisation. Nicolas Foucquet, son fils cadet, appelé à une fortune si brillante et si tragique, l'aidait pour la partie administrative et commerciale de ces grandes entreprises (1). François s'était réservé les missions, et nous en avons la preuve dans sa bibliothèque, qui renfermait un *Dictionnaire caraïbe*.

(1) Toute la famille s'intéressait aux questions coloniales. En 1656, Sanson, d'Abbeville, avait dédié son livre sur l'Afrique à Nicolas Foucquet. En 1657, le même géographe dédia l'*Amérique* à Gilles Foucquet, son plus jeune frère, chevalier des ordres de Sa Majesté.

« Un souffle religieux traversait la maison », dit M. Jules Lair (1). Trois des filles avaient renoncé aux joies de la famille pour entrer au couvent de la Visitation. « L'aîné, François Foucquet, devant qui s'ouvraient toutes les carrières mondaines, successivement conseiller au Grand-Conseil (1er septembre 1632), puis au Parlement de Paris, était entré dans les ordres. En 1637, à peine âgé de vingt-sept ans, il fut nommé par le roi évêque de Bayonne. Le jeune prêtre lui-même refusait cet honneur, et ne se laissa vaincre qu'à de vives sollicitations. Le 25 mars 1639, il fut sacré dans l'église du Grand-Jésus de la rue Saint-Antoine, par Claude de Rueil, évêque d'Angers, avec l'assistance d'un grand nombre de prélats, des archevêques de Tours et de Bourges, et du nonce du pape.

Ce fut le point culminant de la fortune de Foucquet le père, qui mourut l'année suivante. Dans son testament, il n'oublie pas de recommander à l'évêque de Bayonne, son fils aîné, « d'avoir soin que ses frères et sœurs vivent dans la crainte de Dieu et en union », et de prier Dieu pour lui toutes les fois qu'il célébrerait la sainte messe, ce qu'il espérait de sa piété. Cependant c'est à Nicolas Foucquet, son second fils, devenu en quelque sorte l'aîné de la famille, qu'il légua sa précieuse bibliothèque et ses collections artistiques, afin qu'elles ne fussent pas partagées (2).

(1) Jules Lair, *Nicolas Foucquet*, t. I, p. 72. — Du Tertre, t. I, p. 109.

(2) V. article du P. Chérot sur Foucquet, dans les *Études religieuses*, janvier 1891 (Le surintendant Foucquet ami des livres). — Bonaffé, *Les Amateurs de l'ancienne France*, Librairie de l'Art, 1892, in-4°.

François Foucquet, dit M. Lair, « s'était donné de tout cœur à son diocèse, où, grâce à son zèle, il avait obtenu de grandes améliorations (1). Appelée par lui, une de ses sœurs y fondait, avec son concours, un couvent de ces Visitandines, chères à la famille Foucquet. » Il y rappela aussi les religieuses de Sainte-Claire.

Comblé des faveurs de la fortune, sans les chercher, François Foucquet avait été pourvu, après la mort (21 juin 1641) d'Etienne de Virazel, évêque de Saint-Brieuc, de la commende de l'abbaye de Saint-Sever, près Vire, au diocèse de Coutances, qu'il posséda jusqu'en 1656, époque où il résigna en faveur de François de Rebé. Il avait également été nommé prieur commendataire de Chassignolles, au diocèse de Bourges.

Deux ans plus tard, au mois de juillet 1643, son frère Nicolas Foucquet déjà tout puissant, obtint pour lui l'évêché d'Agde, siège suffragant de l'archevêché de Narbonne, valant 30,000 livres de revenu, avec vingt-deux paroisses seulement à desservir. Mais peu sensible à ces avantages, François Foucquet ne quitta pas sans regret son siège de Bayonne, pour être transféré à celui d'Agde, d'où son frère comptait sans doute avoir occasion de l'attirer souvent à la cour, quoique Retz, le coadjuteur de Paris, prétende que ce même siège lui avait été désigné à lui-même dans le but de

(1) Parmi les abus que l'évêque de Bayonne travailla à extirper, on cite l'usage qui s'était établi dans le pays d'autoriser la cohabitation des hommes et des femmes après la solennité des fiançailles (*Gallia Christiana*, t. X, col. 1322).

l'en éloigner. Il n'est pas douteux, en effet, que Nicolas Foucquet, dont l'ambition se haussait au niveau de la devise de sa famille : *Quo non ascendam?* comptait étayer l'édifice de sa propre fortune sur la grande situation qu'il préparait à son aîné. Nommé récemment intendant du Dauphiné, Nicolas Foucquet crut pouvoir assister à la cérémonie de l'entrée solennelle du nouvel évêque d'Agde. Ce jour-là, un grand concours de peuple anima cette noire ville d'Agde et sa sombre cathédrale. Mais ce jour de fête eut un triste lendemain.

En l'absence de l'intendant, une émeute éclata dans le Dauphiné, et quoiqu'il ait réussi par sa prudence et son esprit de justice à apaiser la sédition, il se vit en butte, pendant quelque temps, aux dénonciations perfides des jaloux, ce qui ne l'empêcha pas d'être nommé surintendant des finances en 1653.

En 1656, François Foucquet dut se prêter à une autre combinaison. Avec le consentement de Claude de Rebé, archevêque de Narbonne, il fut pourvu de la coadjutorerie de ce siège, estimée 30,000 livres de rente, et quitta celui d'Agde, qui fut donné à son jeune frère, Louis Foucquet, conseiller-clerc au Parlement.

En même temps, François Foucquet servait utilement les intérêts de Nicolas en portant la parole, au nom du gouvernement, dans l'Assemblée du clergé (mars 1656).

Quant à Louis, trop jeune encore pour être sacré (il était né en 1633 et avait par conséquent 23 ans en 1656), il continua à résider à Rome, où il remplissait une mission confidentielle « occupant ses loisirs à visiter les ateliers des peintres et des sculpteurs, les collections qui constituaient les musées de ce temps, et s'il découvrait quelque pièce intéressante, il la signalait au surintendant. »

Le nouvel évêque ne fut même promu aux ordres que le 2 février 1659, par François de Harlay, archevêque de Rouen, depuis archevêque de Paris. Il reçut également de ses mains la consécration épiscopale, le 2 mars suivant, dans l'église Saint-Louis, à Paris, en présence du nonce, des évêques d'Evreux et de Césarée, du prince et de la princesse de Conti.

Cette cérémonie coïncida avec l'intronisation de François Foucquet, comme archevêque de Narbonne. Claude de Rebé étant mort précisément à cette époque, il prêta serment au roi le 26 mars et fit son entrée solennelle le 2 mai. On sait que ce siège était un des plus considérables de l'ancienne France. L'archevêque prenait les titres de primat des Gaules, duc de Narbonne et président-né des états de Languedoc. C'est en cette qualité qu'il accepta la dédicace de l'*Histoire des ducs de Narbonne* que lui offrit Guillaume Besse, en 1660. A la même époque, il tint le synode de son nouveau diocèse, qui fut alors visité deux fois par Louis XIV, le 8 et le 13 avril 1660, durant son voyage

(1) Cf. Privilèges accordés par les rois aux archevêques et à l'église de Narbonne, confirmés par Louis le Grand. Narbonne, Besse, in-4°, 84 p.

(2) Les présidents-nés des Etats de la province de Languedoc, par J.-B. l'Hermite de Soliers, dit Tristan. Arles, 1659, in-4°.

en Provence (1). Au mois d'août de l'année suivante, il présida l'Assemblée du Clergé et harangua le roi aux applaudissements de toute la cour.

Un avenir glorieux semblait donc s'ouvrir devant lui, lorsque survint le coup de théâtre du 6 septembre 1661, l'arrestation du surintendant dans la ville de Nantes. Se trouvant alors à Paris, il dut assister à l'apposition des scellés sur les papiers et les meubles de son frère. Mais comme on pouvait redouter son influence, on eut soin de l'éloigner avant même la fin de cette opération. Peut-être fut-il alors transféré dans le Bourbonnais, où Mme Foucquet la mère obtint la permission de se retirer avec une partie de sa famille. On possède une lettre de l'archevêque de Narbonne à Séguier, datée de Montluçon, le 17 décembre 1666, relative à un refus de communication d'un arrêt du Conseil le concernant. D'autre part, une lettre de l'évêque de Sées à Colbert, du 13 septembre de la même année, annonce l'arrivée de l'archevêque à Alençon. S'il n'y a pas erreur dans les dates, ces deux lettres présentent une contradiction qu'il est difficile d'expliquer.

Les motifs qui purent déterminer Colbert à imposer Alençon comme résidence à François Foucquet nous sont inconnus. Au commencement de 1666, un vieil intendant, Favier du Boulay, qui depuis 1643 administrait la généralité, avait été remplacé à Alençon par M. de Marle, homme très actif, qui a laissé dans ce

(1) *Mémoires de Montglat*, année 1661. — *Mémoires de Daniel Cosnac*, id.

pays deux grands travaux : *la Recherche de la noblesse* et *la Réforme des eaux et forêts.* Il céda ce poste, à la fin de 1671, à Michel Colbert qui l'occupa pendant cinq ans, mais qui paraît avoir été d'un caractère infiniment plus rude que ses prédécesseurs. Élie Benoit, dans son *Histoire de l'édit de Nantes*, l'a peint des couleurs les plus odieuses. « Homme né pour mal faire à tout le monde et qui avait pour cela beaucoup de dons et de génie, mais qui en toute autre chose tenait plus de la bête brute que de l'animal raisonnable. » Quoique ce portrait soit évidemment outré, il est heureux pour François Foucquet de n'avoir connu ce rude et tout puissant fonctionnaire que dans les derniers temps de son séjour à Alençon.

A côté de l'intendant figurait le bailli, gouverneur de la ville et du château d'Alençon. Cette double charge judiciaire et militaire, réunie alors dans les mêmes mains, fut possédée successivement, de 1654 à 1678, par deux membres de la famille d'Argouges dont le second, Nicolas d'Argouges, marquis de Rânes, donna à l'archevêque des marques particulières de bienveillance. Au-dessous du bailli se plaçait le lieutenant général au bailliage et siège présidial d'Alençon, Jacques de Boullemer, sieur de Larré, dont la famille a occupé ce poste de 1637 à 1773, et que l'on peut compter également au nombre des amis de l'archevêque.

A la tête du diocèse de Sées, dont Alençon fait partie, était François Rouxel de Médavy de Grancey, brouillé à mort avec son ancien théologal, Jean Le Noir, à propos d'une autorisation donnée par l'évêque à des comédiens de dresser un théâtre en face de la cathédrale, et à la suite de l'enlèvement de Mlle Le Conte de Nonant par un Grancey, contre lequel le théologal avait cru devoir fulminer. Celui-ci, janséniste outré, va jusqu'à dire, dans les libelles diffamatoires qu'il fit pleuvoir contre M. de Médavy, que cet évêque ne savait même pas le catéchisme, ce qui ne l'empêcha pas d'être promu, en 1670, au siège de Langres, et peu après, en 1671, à l'archevêché de Rouen. Il faut ajouter qu'on lui doit la fondation d'un séminaire à Falaise pour les clercs du diocèse de Sées. Son successeur sur ce siège, Jean Forcoal, d'une famille originaire des Cévennes, qui avait abjuré le calvinisme, ne fut sacré que le 24 août 1672 et prit possession le 13 mars 1673. L'archevêque de Narbonne eut donc à peine le temps de le connaître.

L'arrivée de cet illustre exilé dans le diocèse de Sées paraît avoir été pour M. de Médavy un véritable embarras. Le 13 septembre 1666, il en référa à Colbert pour savoir de lui la conduite qu'il avait à tenir vis-à-vis de l'archevêque. Voici cette lettre dont le ton fait vraiment peu d'honneur à la dignité épiscopale :

« Monsieur, je viens d'apprendre que l'équipage de l'archevêque de Narbonne est arrivé à Alençon, où il doit être dans peu de jours. Il y a quelques civilités à rendre par un diocésain à son caractère ; mais comme je sais que tout le monde est persuadé que le plus ou le moins de ce qui lui sera rendu de ma part sera mesuré sur ce que j'aurai cru devoir vous plaire, je vous supplie très humblement, Monsieur, de trouver bon que Madame de Colbert en dise un mot à la maréchale de

Grancey qui s'en retourne à Paris, s'il est à propos que j'en sois informé.

« Je ne doute pas, Monsieur, que vous ne soyez bien averti par M. de Marle de tout ce qui regarde sa conduite; toujours, vous savez que votre bien, à vous, est la première condition que je demande pour lier amitié, et que c'est un effet légitime de tant d'obligations reçues de vous » (1).

Quant à la ville même d'Alençon, elle avait alors pour curé un personnage singulier, Julien Pasquier, deuxième du nom, surnommé la *Grande-Barbe*, dont la conduite était loin d'être édifiante. Vicaire de Saint-Léonard d'Alençon, il s'était fait déposer par l'évêque de Sées. Devenu curé de Notre-Dame, le scandale de ses mœurs ne fit qu'augmenter, et la France entière en retentit.

Vivement attaqué par le théologal Jean Le Noir, auquel la cure d'Alençon fut quelque temps dévolutée, il avait été mis en prison par sentence de l'official de Sées, le 6 août 1650 et n'en était sorti qu'en 1653. Malgré tout, ce curé était aimé, dit son successeur, l'abbé Belard, « parce qu'il était populaire, d'une humeur fort facétieuse, amateur de la compagnie, diseur de bons mots, qu'il portait jusqu'en la chaire de vérité. » Suivant Fléchier, il montait en chaire le jour de l'an pour publier le nombre des c... de sa paroisse, et il ne manquait pas de noter si l'année avait été

(1) Ravaisson, *Archives de la Bastille*, t. III, p 36.

bonne ou mauvaise. Lorsqu'il présidait aux processions, il faisait des c[illegible]es aux marguilliers, etc. Julien Pasquier mourut le 3 juillet 1671.

Julien Pasquier, troisième du nom, son neveu, qui lui succéda, était d'un caractère très différent. Voici le portrait qu'en fait l'abbé Belard, auteur de curieux mémoires sur Alençon, dont la *Société historique de l'Orne* a entrepris la publication : « Il avoit de beaux talents pour la chaire ; il avoit du monde et de la politesse, mais il étoit trop rempli de lui-même et de sa place, ce qui lui attira beaucoup d'affaires. Il se brouilla avec Monseigneur l'archevêque de Narbonne, dont il ne ménagea pas l'amitié et les aumônes, avec Mme de Guise et S. A. R. la grande duchesse, sa sœur, dont on dit qu'il blâma indiscrètement les habillements en chaire, avec l'évêque Forcoal (successeur de Rouxel de Médavy), par l'appel comme d'abus qu'il interjeta de ses mandements, avec les frères de la Charité, etc. » Il finit par se faire envoyer en exil et mourut à Gerseaux, près d'Orléans, en 1678.

Mme de Guise, dont il est ici question, est Isabelle, fille de Gaston, duc d'Orléans, et de Marguerite de Lorraine, qui, à la mort de sa mère, avait hérité du duché d'Alençon et en avait porté le nom jusqu'à l'époque de son mariage avec Louis-Joseph de Lorraine, duc de Guise, en 1667. Mais cette princesse n'étant venue habiter Alençon que plusieurs années après la mort de son mari, décédé le 30 juillet 1671, l'archevêque de Narbonne se trouvait alors le personnage le plus élevé en dignité de la ville d'Alençon. Sans compter sa fortune personnelle et ses autres bénéfices, il avait comme archevêque de Narbonne, un revenu de 160,000 livres. Son séjour à Alençon se trouve donc lié à l'histoire de cette ville.

Nous pensons que c'est principalement dans le clergé régulier, alors brillamment représenté dans le diocèse de Sées, que l'archevêque exilé put rencontrer les sympathies et les consolations dont il avait besoin. Peut-être cependant ne lui fut-il pas permis de nouer des relations avec le vénérable et savant réformateur de la Trappe, l'abbé de Rancé, digne ami de Bossuet. Car nous voyons que, lorsqu'il désira aller aux eaux de Bourbon, afin de rétablir sa santé ébranlée, il dût solliciter une lettre de cachet du roi.

A son arrivée à Alençon, François Foucquet était du moins certain de trouver des amis chez les Jésuites, qui y possédaient un collège. Les Jésuites avaient été les protégés et les auxiliaires de son père dans les colonies, et lui-même, lorsqu'il s'occupait de l'œuvre des missions, il avait eu avec eux de fréquents rapports.

Le collège royal d'Alençon a eu, au XVIIe siècle, une véritable importance. Bourdaloue y a professé, et l'on conserve à la Bibliothèque d'Alençon un *Traité de rhétorique*, composé par lui. Plus tard, le père Charles de La Rue commença à s'y faire connaître (en 1667) par la publication d'un poème latin sur les conquêtes de Louis XIV, qui fut traduit par Pierre Corneille.

Parmi les recteurs, de 1661 à 1673, nous trouvons les PP. Jean Pomereul, Jean Ragaine, Jean Dudoy, Pierre Osenne et Pierre Caullier.

Parmi les laïques, on comptait aussi quelques lettrés, par exemple Pierre La Hayer, sieur du Perron, d'une famille protestante, qui avait débuté en 1633 par une tragi-comédie en trois actes et en vers intitulée *Les Heureuses aventures*. Il avait fait imprimer, en 1635, les *Palmes du Juste*, poème qu'il avait présenté à Louis XIII, à l'occasion de son passage à Alençon. Il avait obtenu, en récompense, des lettres de réhabilitation de noblesse et une commission pour commander dans l'armée du roi et y conduire deux régiments. Il avait été fait chevalier de l'ordre de Saint-Michel en 1638. Il avait alors repris la toge à la place de l'épée et avait été nommé procureur du roi au bailliage, charge qu'il avait cédée à son fils Pierre en 1663. Quelque temps auparavant, Louis XIV lui avait accordé un brevet de conseiller d'État. Il faisait partie de l'Académie de Caen, depuis son origine. Moysant de Brieux, dans une lettre à Turgot, dit qu'il avait composé un poème en l'honneur du duc de Montausier. En 1660, il fit paraître des *Poésies morales et chrétiennes*, et un ouvrage de piété intitulé : *De la connaissance de la bonté et miséricorde de Dieu, de notre misère et de notre faiblesse*, traduit de Jean de Palafox, qu'il dédia à la reine et dont il donna une nouvelle édition en 1678.

Il publia, en 1663, une autre traduction de deux autres ouvrages espagnols, l'*Année spirituelle* et le *Manuel des États*, avec un poème sur la Naissance de l'homme. En 1673, l'année même de la mort de l'archevêque de Narbonne, parut sa traduction de l'*Histoire de Charles V*, d'Antoine de Vera, et, en 1678, son poème de la *Visitation d'Alençon*, adressé à toutes les illustres filles qui sont consacrées à Dieu dans la sainte religion. Alençon, 1678, in-8°.

La littérature espagnole était alors à la mode. Un autre Alençonnais, Truel de Cohon, sieur de Beauvais, qui avait été employé comme ingénieur au service du Portugal, écrivit en langue castillane des remarques sur les additions à l'*Histoire d'Espagne*, de Mariana, et les publia ensuite en français en 1676 (1).

On peut placer encore au nombre des personnes avec lesquelles l'exilé de Narbonne put avoir des relations, Hervé Fierabras, sieur de Motté, qui publia en 1683 une *Méthode de Chirurgie*. Mais on ne peut ajouter à cette liste Mlle Desjardins de Villedieu, qui de bonne heure avait pris son envolée vers Paris et qui ne revint se fixer aux environs d'Alençon que vers la fin de sa vie.

Corneille Blessebois, à bien plus juste titre que Mlle Desjardins, était alors un autre sujet de scandale pour les moins scrupuleux. Au retour du premier des voyages lointains auxquels il fut obligé, pour se soustraire aux conséquences des méfaits de toute sorte, qui forment le tissu de sa vie privée, sans compter ses écrits, Blessebois composa, pour se mettre en crédit auprès des libertins de sa ville natale, *Les Aventures du parc d'Alençon*, recueil satirique, en prose et en vers, d'histoires scandaleuses qu'il prête aux dames

(1) Pierre Le Hayer, syndic des religieuses de Sainte-Claire d'Alençon et conservateur de leurs privilèges, fut inhumé dans leur couvent en 1687. Mais peut-être s'agit-il du fils de l'auteur des *Palmes du Juste*.

d'Alençon et aux personnes les plus respectables de cette ville. Cet ouvrage est resté manuscrit, mais nous devons à M. L. de La Sicotière, qui en possède une copie et qui a préparé une notice complète sur Blessebois, la communication d'un passage des *Aventures du parc d'Alençon*, dans lequel on a cru reconnaître l'archevêque de Narbonne :

Le patron des climats nobles d'antiquité,
Que Thétis baigne et que le soleil brûle,
Passe sur les genoux d'une fière beauté
Les ardeurs de la canicule;
Et, dans ce lieu de volupté,
Par de saintes leçons, avec moins de scrupule,
Il lui prêche la charité,
Pour attendre en repos l'arrêt des destinées
Sur les tristes succès qui, depuis tant d'années,
Accompagnent ses actions.
Il voit ses occupations ;
On lui fait, en d'autres journées,
De tendres exhortations ;
On punit son impatience
Par d'amoureuses pénitences.
Mais pour ne s'abandonner pas
Au malin soupçon du vulgaire,
Il fait souvent suivre leurs pas
Par une roulante bergère.

Ces vers amphigouriques ne valent évidemment pas la peine qu'on s'y arrête. Il est des imaginations perverties qui salissent naturellement tous les objets auxquels elles s'attachent. Cette peinture de convention aurait pu, tout aussi bien, être adaptée par Blessebois à n'importe quel ecclésiastique, quel qu'il fût.

L'archevêque de Narbonne fut, toute sa vie, irréprochable dans ses mœurs ; il aurait été le modèle des prélats de son temps si sa carrière n'avait pas été brisée par la catastrophe de son frère. Ces traits grossiers s'adressant à un personnage élevé en dignité à un proscrit, pouvaient tout au plus égayer un instant quelques mauvais sujets de la société d'Alençon attachés, au moins en apparence, comme Blessebois lui-même, à la religion protestante. Les honnêtes gens qui purent avoir connaissance des *Aventures du parc d'Alençon*, qu'on colportait sous le manteau, ne purent y voir qu'une lâcheté et une infamie de plus.

Les protestants, qui jadis composaient près de la moitié de la population aisée d'Alençon, y étaient, dès lors, en minorité. Les querelles théologiques y avaient mis la division parmi eux, et le synode national, ouvert à Alençon le 27 mai 1637, par Louis Hérault, pasteur de cette église, en contient la preuve. Pierre Allix, autre ministre de l'église protestante d'Alençon, eut à ce sujet avec Hérault, des querelles fort vives qui obligèrent ce dernier à passer en Angleterre, où il fut placé à la tête de l'église Wallonne. Pierre Alix mourut à Alençon en 1665. Il avait publié, en 1658, un livre de controverse dédié à son troupeau.

Un autre pasteur d'Alençon, Mathieu Bochard, frère du savant hébraïsant Samuel Bochard, pasteur à Caen, s'était attiré une affaire désagréable par la publication d'un *Traité sur l'invocation des saints, le culte des images et des reliques*, et avait été condamné à une amende de 50 livres qui fut confirmée par la Chambre de l'Édit, en 1667. En 1662, il fit paraître un projet de réunion des Calvinistes et des Luthériens qui n'eut pas de succès. Il mourut à Alençon, le 20 février de la même année.

L'année 1664 avait été marquée par la démolition de l'ancien temple d'Alençon, situé rue du Temple, au centre de la ville, et remplacé par un autre édifice destiné au culte, construit à l'extrémité du faubourg de Lancrel.

En 1665, Pierre Allix, le père, fut remplacé par Elie Benoist, alors ministre à Sainte-Escobille (Seine-et-Oise), qui céda ce poste à Pierre Allix, le fils, depuis ministre à Charenton. Elie Benoist resta à Alençon jusqu'à la révocation de l'Edit de Nantes, dont il a écrit l'histoire. On lui donna pour troisième collègue, en 1669, Pierre Mehérent de la Conseillère, gentilhomme de race normande, prédicateur tempétueux qui eut, comme lui, maille à partir avec le P. de La Rue.

A l'occasion de la présentation de ce ministre, on vit se produire un fait qui montre combien le zèle des protestants d'Alençon s'était refroidi. Cette église, au synode de Normandie, tenu au mois de mai de cette année, fut notée comme n'ayant pas acquitté sa contribution à la caisse synodale, et pour ce fait, la nomination définitive de la Conseillère au poste de troisième ministre à Alençon fut suspendue jusqu'à ce que la contribution en souffrance fût payée (1).

(1) Paul Pascal, *Elie Benoist et l'Eglise réformée d'Alençon, d'après des documents inédits, avec portrait, vues et autographes*. Paris, Fischbacher, 1892, in-8°, p. 40-41.

2

On ne doit pas s'étonner que, dans ces circonstances, le mouvement des abjurations soit devenu de plus en plus actif. Quelques-unes, plus ou moins intéressées, donnèrent même lieu, dès cette époque, à plus d'un abus. Il ne paraît pas que l'archevêque de Narbonne ait été mêlé à aucune affaire de ce genre et que, par là, il ait donné occasion aux attaques calomnieuses de Blessebois. Occupé des affaires de son frère, accablé par le coup de foudre qui avait atteint toute sa famille, il ne chercha pas des diversions à ses chagrins dans l'activité extérieure. Il se renferma dans l'accomplissement de ses devoirs d'archevêque, qu'il ne cessa pas de remplir avec le zèle le plus méritoire. Il fit promulguer, en 1671, les statuts du synode du diocèse de Narbonne qu'il avait présidé en 1661, et qui témoignent de sa sagesse.

Il fonda à Narbonne un hospice pour les incurables, une maison des sœurs de la Croix, pour l'instruction des jeunes filles, un séminaire pour les clercs et des missions pour l'instruction des fidèles.

Quoique menant une vie très retirée, il avait à Alençon un train de maison assez complet.

Il avait conservé leurs gages à ses officiers; il avait plusieurs aumôniers, et l'un d'eux, l'abbé Desvignes, pouvait célébrer la messe dans ses appartements. Son maître d'hôtel, Louis Leblanc, au moment où l'on fit l'inventaire, fit des réserves sur l'argenterie et sur les meubles précieux dont il avait la charge. Il avait deux valets de chambre, six harnois de carrosse et une selle, six chevaux noirs et un gris. Dans les remises et écuries, deux carrosses, dont un grand, à portière de velours rouge, un petit, de velours gris plein et un charriot, une litière et deux harnois pour les mulets, sans compter une chaise à porteurs, peinte avec ses armes et son chiffre, et garnie de damas.

Il avait hérité de son père d'un certain goût pour les arts et les collections. Il avait dans ses appartements une cinquantaine de tableaux, dont trois portraits d'évêques inconnus, un de saint François de Salles et un du père Vincent, plusieurs tableaux en miniatures, la Vierge, une toile représentant *Tobie avec quatre figures*, un saint Jean prêchant au désert, un saint Pierre, le Ravissement de saint Paul, un paysage représentant une ville et plusieurs navires, probablement le port de Narbonne, plusieurs statuettes en argent doré, une tapisserie de la Savonnerie, contenant un paysage.

La bibliothèque était riche en Bibles, en ouvrages de piété et de théologie, mais renfermait aussi des livres sur la littérature, les voyages, notamment trente petits volumes contenant les Relations de la Chine, un Dictionnaire caraïbe, l'*Hydrographie* de Fournier, une carte du Canal des Deux-Mers, l'*Histoire des ducs de Narbonne*, trois exemplaires des ordonnances épiscopales de l'archevêché de Narbonne, les Défenses de Foucquet, une liasse de requêtes de Jean Le Noir, théologal de Sées, un volume sur l'abbaye de la Trappe, un recueil des pièces relatives à la canonisation de saint François de Sales, les bulles de l'évêque de Nîmes (1) qui lui avaient été adressées comme arche-

(1) Peut-être J.-J. Seguier de La Verrière, nommé au siège épiscopal de Nîmes en 1671.

vêque métropolitain, quatre liasses de lettres relatives à l'administration du diocèse de Narbonne, une autre concernant le collège de la même ville, une liasse d'acquêts faits par le sieur Ballot, ci-devant intendant de sa maison, quatre manuscrits reliés et plusieurs liasses de sermons, etc.

Les objets de luxe et d'agrément ne faisaient pas défaut. Dans le salon, un billard garni de drap vert avec un petit molet d'argent, une montre sonnante à miroir, enchâssée d'ébène, un petit miroir représentant les visages en plusieurs façons, un parasol de damas violet, à manche d'ébène, deux écrans de taffetas de la Chine, garnis de galons d'or et d'argent, etc.

L'acte le plus important qui ait marqué le séjour de l'archevêque de Narbonne à Alençon, est l'acquisition d'une maison destinée aux Jésuites et dans laquelle il passa les derniers temps de sa vie.

Les Jésuites s'étaient d'abord établis provisoirement rue des Étaux, en 1625. Ils n'avaient pas tardé à reconnaître la nécessité d'un autre emplacement pour donner à leur collège, de plus en plus prospère, les agrandissements qu'il réclamait. Dans ce but, ils avaient obtenu, en 1637, de la reine Marie de Médicis, la concession du Petit-Parc, comprenant tout le terrain qui s'étend entre la Briante et le faubourg de Lancrel.

François Foucquet leur vint en aide, en achetant pour eux, sous son nom, le 23 mai 1672, un vaste hôtel situé précisément derrière le Petit-Parc, adossé aux murs de la ville et ayant façade sur la rue appelée alors la rue du Marché-aux-Porcs, tendant de la porte de Lancrel au château et à la rue de la Chaussée. Cette maison, possédée en 1613 par M. Nicolas Le Hayer, avait été vendue, en novembre 1631, par le sieur de Cerceaux, à Noël Ferault, sieur de Giberville, procureur du roi aux eaux et forêts du bailliage d'Alençon, et avait été adjugée par décret, après sa mort, à Isaac Génu, sieur de Livaye, qui l'avait revendue, le 4 juin 1670, à Nicolas Le Pelletier, sieur de Bellegarde, avocat. Ce dernier, depuis quelque temps en pourparlers avec l'archevêque de Narbonne au sujet de cette maison, à laquelle il lui avait même promis de faire pour 4,000 livres de réparations et augmentations, la lui vendit pour la somme de 14,340 livres et 700 livres de vin de marché, dont 7,000 comptées en acquit de pareille somme, que ledit sieur de Bellegarde lui devait, à savoir 3,000 livres pour le principal de 150 livres de rente, constituée le 9 octobre 1670, et 4,000 livres pour la promesse dont on vient de parler, et 7,000 livres payables en argent dans un an.

Par acte sous seing privé du même jour, les P.P. Jésuites du collège d'Alençon, représentés par Pierre Dozenne, recteur, et Jean Davy, procureur, déclarèrent que, quoique ce contrat de vente fût sous le nom de l'archevêque de Narbonne, néanmoins celui-ci n'avait fait que leur prêter son nom, à leur prière et requête; pourquoi ils s'obligeaient à acquitter en son lieu et place les 7,000 livres restant à payer. Cet acte fut ratifié par l'archevêque, par acte notarié du 20 août suivant, mais il fallut pour la purge des hypothèques qui grevaient cet immeuble procéder à une nouvelle adjudication, qui eut lieu au prix de 15,000 livres, et qui fut confirmée par sentence rendue aux plaids de la vicomté d'Alençon, le 27 janvier 1673. Moyennant l'accomplissement de ces formalités, la possession en fut assurée aux Jésuites, qui en eurent la plus grande obligation à l'archevêque de Narbonne.

Cette maison se composait d'un principal corps de logis, précédé d'une grande cour du côté de la rue, d'un jardin d'ornement de l'autre côté, et d'un autre bâtiment construit en appentis contre les murs de la ville et comprenant : salles, chambres et cabinets, remises et écuries. L'archevêque, lorsqu'il en fut devenu possesseur, ne tarda pas à y faire des embellissements. Il y fit établir notamment une volière et, avec la permission du gouverneur d'Alençon, Nicolas d'Argouges, fit percer plusieurs ouvertures dans la muraille pour avoir des vues sur le Petit-Parc.

D'autres communautés d'Alençon, sans doute, par exemple la Visitation, dont quatre de ses sœurs avaient embrassé la règle, éprouvèrent, ainsi que l'Hôtel-Dieu de cette ville les effets de sa charité. Mais les pauvres d'Alençon y eurent la plus large part, suivant le témoignage d'Odolant Desnos.

Peut-être sentait-il dès cette époque les premières atteintes de la maladie qui devait bientôt l'emporter. Ce qui est certain, c'est que dans le cours de l'été, il sollicita du roi une autorisation d'aller aux eaux de Bourbon. Cette autorisation, qui lui aurait permis en même temps d'embrasser une dernière fois sa vieille mère, retirée à Moulins, lui fut accordée par une lettre de cachet datée du 23 août, signée Louis et plus bas Philippeaux, que l'on retrouva après sa mort dans un « écritoire de bois de Brésil. » Mais déjà la maladie était trop avancée, et il ne put en profiter. Il mourut le 19 octobre 1673, à minuit, après avoir pris, longtemps à l'avance, les précautions que la prudence recommandait pour assurer l'exécution de ses dernières volontés. Cinq à six mois avant sa mort, il avait déclaré publiquement, en présence de M. de Boullemer, lieutenant général au bailliage, « que son intention étoit de mettre des deniers entre les mains d'une personne pour exécuter sa dernière volonté, attendu que dans l'exécution des testaments, il se rencontroit des difficultés qui pouvoient en empescher l'exécution. » Au reste, sa vénérable mère, retirée à Moulins, avait reçu depuis longtemps la mission d'accomplir fidèlement, après sa mort, ses plus chères intentions, qu'il avait sans doute ses raisons pour tenir secrètes.

Il avait cependant disposé de son vivant de certains objets mobiliers en faveur de quelques amis et familiers. A M. de Saint Pater, il avait donné un cabinet d'Allemagne, de bois de poirier noirci; à René Le Pelletier, sieur de Bellegarde, avocat, il avait donné son billard, deux tables, trois guéridons; à M. Louis Le Blanc, son maître d'hôtel, un lit garni; à Mlle Farcy, un tableau de la Vierge avec le petit Jésus et saint Jean; à la demoiselle du Boulet, un bois de lit; à la demoiselle de Bellegarde, le mobilier d'une chambre, en récompense de quelques meubles qu'elle lui avait prêtés, et à la veuve du sieur Quillet, médecin, quelques ustensiles de cuisine.

Après sa mort, on ne trouva donc pas d'argent chez lui, sinon ce qui était strictement nécessaire pour la dépense courante. Mais son aumônier et son maitre d'hôtel déclarèrent qu'il était à leur connaissance « que le dit seigneur archevesque s'estoit voulu, dès son vivant, dessaisir de la somme de dix-huit mille livres qui estoit dans le coffre par luy destiné pour ses domestiques, ayant souhaité faire exécuter ses intentions, de crainte qu'il ne se trouvast après sa mort des empeschemens capables d'en retarder l'exécution, lequel dessain il avoit desclaré publiquement et notamment à nous juge susdict, comme ils en ont cognoissance certaine. »

La mort, du reste, dans l'entourage de l'archevêque, était depuis quelque temps considérée comme imminente. C'est ainsi que le 11 octobre 1673, par devant les notaires de Moulins, Mme Foucquet, la mère, donna procuration à Gilles Foucquet, son fils, conseiller du roi, ci-devant écuyer de la grande écurie de Sa Majesté, « en cas qu'il plaise à Dieu de disposer de la personne de messire François Foucquet, aussy son fils, archevesque de Narbonne, duquel elle est seule et présomptive héritière et créancière de sommes considérables. »

Une amie de la famille, Mme Dancourt, s'était rendue à Alençon, pour procurer au malade les soins délicats qu'une femme seule peut donner, et elle assista à ses derniers moments, avec une religieuse tourière de Mamers, à laquelle fut faite donation d'un coffre de bois après la levée des scellés apposés sur les meubles.

Son aumônier avait fait dresser dans le salon un

autel portatif. Par ses soins, les ornements pontificaux, de couleur violette, avaient été également mis dans une corbeille, dans le salon, pour servir aux obsèques de l'archevêque. Gilles Foucquet, son frère, avait annoncé sa prochaine arrivée et put effectivement assister aux obsèques.

Le jeudi 19 octobre, à deux heures du matin, Pierre Le Hayer, le fils, procureur du roi au bailliage et siège présidial d'Alençon, se présenta en l'hôtel du lieutenant général au bailliage et lui remontra « qu'ayant eu avis que messire François Foucquet, conseiller du Roy en ses conseils, archevesque de Narbonne et primat des Gaules, estoit décédé en ceste ville sur l'heure de minuit », il était nécessaire « d'apposer le scellé pour la conservation des inthérests de qui il appartiendra, à cause de l'absence des parents et héritiers dudit seigneur archevesque. » Il n'est pas douteux que le zèle pour le service du roi n'ait déterminé ces officiers à choisir une heure aussi matinale pour l'accomplissement de cette formalité.

Le sceau de M. de Boullemer, lieutenant général (*d'or au chevron d'azur, accompagné de trois aiglettes de sable*, avec deux lions pour support et un casque pour cimier), et celui de Pierre Le Hayer, procureur du roi au bailliage (*d'or au chevron de gueules, chargé de trois croissants d'argent montants*, avec un casque pour cimier, furent apposés sur les meubles.

La levée des scellés en fut faite le lendemain, vendredi 20 octobre, en vertu d'une ordonnance rendue sur requête, présentée au nom de Mme Foucquet la mère. Cette opération, qui ne fut terminée que le samedi 21 au soir, eut lieu en présence de Gilles Foucquet, auquel un des amis du défunt, Joseph de Marcilly, sieur de Lépinay, fit remise de la grosse d'une constitution d'une rente de 200 livres par lui souscrite au profit de l'archevêque, le 16 octobre 1670.

La Chronique du couvent de l'*Ave-Maria* d'Alençon, dans lequel l'archevêque de Narbonne fut inhumé, nous fournit une relation de ses obsèques. Il n'est pas inutile de noter, à cette occasion, que c'est dans l'église de ce monastère que les Jésuites célébrèrent leurs offices et firent leurs inhumations jusqu'à la construction de leur propre église :

« L'an 1673, le 19 octobre, Dieu appela de cette vie mortelle Monseigneur l'illustrissime et révérendissime François Foucquet, archevesque et primat de Narbonne. C'étoit un prélat accompli en vertus et mérites. Il ordonna sa sépulture dans l'église des pauvres religieuses de Sainte-Claire de la ville d'Alençon, où son corps repose proche le grand autel, du costé de l'évangile. L'inhumation s'en fist avec toute la pompe possible ; le convoy commença le 20 octobre, à trois heures après midi. M. Pasquier, curé d'Alençon, avec tout le clergé, fut lever le corps de Monseigneur à son hostel où il étoit décédé, pour le faire conduire par la rue du Palais, en l'église Notre-Dame d'Alençon, où il reposa quelque temps pendant les prières qui y furent faites, et ensuite on acheva le convoy par la rue aux Sieurs, en l'église des religieuses de Sainte-Claire, où l'office fut chanté par M. le curé et son clergé, assisté du révérend père François Colin, confesseur dudit monastère, et les autres religieux de Saint-François du dit couvent. M. le curé et son clergé, après l'office chanté, laissa le corps en dépost auxdits religieux pendant la nuit, pour estre le lendemain, 21 du mesme mois, inhumé en la dite église, après la grande messe qui fut célébrée par le sieur curé, assisté de son clergé et des susdits religieux (1). »

L'église de l'*Ave-Maria* d'Alençon était une des plus richement décorées de la ville. On y voyait différents tombeaux de personnes de distinction qui avaient désiré être inhumées dans ce monastère. Celui de l'archevêque de Narbonne était le plus considérable. Il était en marbre noir et blanc, où on lisait cette épitaphe :

FRANCISCUS FOUCQUET,
ARCHIEPISCOPUS ET PRIMAS NARBONENSIS,
FRATRIS CASU AB ECCLESIA RELEGATUS,
APOSTOLO PROPIOR QUAM EXULI,
ABSENS SUIS,
SEMINARIUM CLERI, NOSOCOMIUM, MISSIONES QUE
FUNDAVIT LIBERALITER DE SUO,
EXTERIS PRÆSENS,
VIRTUTUM OMNIUM EXEMPLUM DE SE PRÆBUIT.
TANDEM LONGO GREGIS SUI DESIDERIO CONFECTUS
PASTOR OPTIMUS,
XII KAL. NOVEMB. AN. SAL. C I Ͻ I Ͻ CLXIII,
EXILII XII,
HIC SITUS EST.
VIXIT ANN. LXIII MENS. I DIES XXIII.

(1) Archives de l'Orne, série H. Fonds des religieuses de Sainte-Claire. Document donné par M. le docteur Chambay. — *Bulletin de la Société historique et archéologique de l'Orne*, t. II, p. 136.

Ce tombeau, ainsi que tous ceux que renfermait ce monastère, a été détruit pendant la Révolution. L'église elle-même a disparu, et l'on a bâti sur ce terrain la maison Masson. En 1825, on découvrit, sur l'emplacement du chœur, un cercueil en plomb et un anneau d'or émaillé en blanc, dont le chaton renfermait une émeraude. On crut que c'était le cercueil et l'anneau de l'archevêque de Narbonne (1).

Il existe, à ma connaissance, deux portraits de l'archevêque de Narbonne. Parmi les portraits des membres de cette illustre famille que possède le Département des Estampes, se trouve celui d'un prélat au camail de moire, à figure pleine, ronde, noble et bonne, que l'on croit être son image. L'épreuve de ce portrait, la seule que l'on connaisse, est avant toutes lettres et sans nom d'auteur.

Le P. Lelong, dans sa *Bibliothèque historique de la France* (t. IV, Portraits) cite un portrait du même, gravé par Grégoire Haret.

Les Jésuites d'Alençon, grâce à la libéralité de François Foucquet, ne tardèrent pas à s'établir dans l'hôtel qu'il avait habité. Ils y joignirent différents terrains voisins, au moyen de concessions ou d'acquisitions, et leur collège devint ainsi un des plus beaux et des mieux installés de la province.

Le 7 février 1674, Nicolas d'Argouges, marquis de

(1) L. de La Sicotière, note consignée dans les *Mémoires historiques sur la ville d'Alençon et sur ses seigneurs*, par Odolant-Desnos, deuxième édition, p. 147.

Rasnes, leur donna, par brevet daté de Saint-Germain-en-Laye, « permission de conserver, en la maison de défunct Mgr l'archevesque de Narbonne, les mesmes ouvertures et les mesmes veues sur le fossé et d'en jouyr, ainsi que du jardin dressé par luy dans ledict fossé, en la manière qu'il en a jouy. »

Pour obtenir la confirmation de cette concession par l'intendant de la généralité d'Alençon, qui était alors Michel Colbert, les Jésuites présentèrent quelque temps après la requête suivante :

« Supplient humblement, etc., et vous remontrent que les habitans d'Alençon leur auroient cy devant accordé un établissement dans lad. ville d'Alençon et délivré une maison pour leur habitation, même quelques autres bâtimens de peu de valeur, pour servir aux trois ou quatre classes auxquelles les dits supplians s'estoient obligéz, par le traité fait entre eux et les dits habitans. Et parce que les dits bastimens n'étoient suffisans pour leur logement et les classes destinées pour les écoliers, ils avoient été obligés de traiter avec le sieur de Bellegarde d'une maison située dans la dite ville, joignante les murailles d'icelle et habitée pour lors par Monseigneur l'archevesque de Narbonne, le-

(1) Nicolas d'Argouges s'était démis dès 1673, suivant M. de Courcilloles (*Chronologie historique des grands baillis d'Alençon*, publiée dans la *Revue historique et nobiliaire*, t. VIII, 1872), des fonctions de bailli et de gouverneur d'Alençon. Nommé lieutenant général le 25 février 1677, il fut tué à l'affaire de Seckensen, le 13 juillet 1678 (Comte Gérard de Contades, *Rasnes, Histoire d'un château Normand.* Paris, H. Champion, 1884, in-8° carré.

quel avoit fait ouvrir la muraille en quelques endroits pour y pratiquer une porte pour avoir communication, par le moyen d'icelle, d'un herbage à eux appartenant, joignant les dites murailles. Il auroit aussi fait faire quelque ouverture pour pratiquer une croisée et, par le moyen d'icelle, une vue sur le dit herbage, ce qu'il auroit fait du consentement et par la permission qui lui avoit été accordée par Monsieur de Rasnes, cy devant gouverneur de la ville et chasteau dudit Alençon.

« A ces causes..., mon dit sieur, le public ne recevant aucune incommodité ni préjudice des dites ouvertures, il vous plaise autoriser les dits supplians d'en jouir à l'avenir. »

Restait à régler la question des 7,000 livres avancées par l'archevêque de Narbonne pour l'acquisition de cette maison. Il y fut pourvu par un acte fait devant les notaires de Moulins, en date du 29 octobre 1674, qui contient les stipulations suivantes :

« Dame Marie de Maupeou, veuve de messire François Foucquet, conseiller d'Etat ordinaire, héritière par bénéfice d'inventaire de deffunct messire François Foucquet, son fils, aussy conseiller d'Estat, archevesque et primat de Narbonne, demeurante au dit Moulins, paroisse d'Izeure, exécutant le dessein et la volonté que le dict sieur archevesque a tousjours eu et continué jusques au jour de son déceds, de son gré, a remis, quitté, cédé et transporté, dès maintenant et à tousjours, aux reverends Pères Jésuites du collège d'Alençon, province de Normandie, le révérend Père Claude de la Mèche, recteur du collège du dict Moulins, stipulant et acceptant, pour eux et leurs successeurs...

« Sçavoir la somme de sept mille livres deue au dict deffunct seigneur archevesque, par les dicts révérends Pères Jésuites du collège d'Alençon, suivant le soussigné faict entre lùy et les révérends Pères Pierre d'Ozenne et Jean Davy, recteur et procureur du dict collège d'Alençon, sous la date du 23 may 1672.

« Cette remise et cession ainsy faite par la dite dame de Maupeou, gratuitement et sans aucune autre charge ni condition, sinon que l'église du dict collège sera consacrée à l'Immaculée-Conception de la sainte Vierge et qu'elle en portera le nom et le titre, par cy après. Comme aussy que le révérend père général des Jésuites sera prié d'ordonner qu'à l'offerte de la grande messe qui sera dite et célébrée en l'église des Révérendes mères religieuses de Sainte-Claire, annuellement, à chacun vingtième octobre dont il sera parlé cy après, il soit fait un sermon par un des pères de la Compagnie sur le sujet des peines du Purgatoire et sur l'obligation que les fidèles ont de prier Dieu pour le repos des défunts; et que tous les mois, il sera dit une messe dans ledit collège, par l'un des pères d'Alençon, pour le repos de l'âme dudit seigneur archevesque, et de faire en sorte qu'à l'exécution et entretenement de la dicte fondation, en la forme et manière que dessus ne soit jamais contrevenu, pour quelque cause que ce soit, et que le tout soit exécuté ponctuellement et de bonne foy.

« Voulant de plus la dite dame témoigner combien la mémoire et le repos dudit seigneur archevesque, son fils luy sont chers, elle a encore donné et donne, par les mesmes presentes, auxdits révérends Pères Jésuites du collège d'Alençon, la somme de deux cent quarante livres, prise et retirée par le dit révérend Père de la Mèche, stipulant et acceptant pour eux et leurs successeurs, en vertu du mesme pouvoir, le fonds de laquelle somme de deux cent quarante livres leur demeure en propre pour en faire une rente annuelle et perpétuelle à raison de douze livres pour chacun an, laquelle sera par eux payée annuellement, aux dites religieuses, de Sainte-Claire ou autres ayant charge de faire la recepte de leurs biens et revenus, sous leurs quittances, pour par les dites religieuses faire dire et célébrer, par chacun an et à tousjours, dans leur église, le vingtième du mois d'octobre, auquel jour arriva le deceds dudit seigneur archevesque, un service des Morts, à son intention, consistant aux Vigiles qui seront dites la veille dudit jour et à une grande messe de Requiem, à diacre et sous-diacre, et en huit messes basses qui seront aussi dites, dans la mesme église, pendant les huit jours qui suivront ledit jour vingtième octobre de chacune année. Lequel service et les dites messes qui seront dites pendant la dite huitaine les dits révérends Pères Jésuites sont pareillement priéz de vouloir tenir la main qu'elles soient dites et célébrées exactement, et le tout exécuté suivant l'intention de la dite dame, se persuadant qu'aucun de ses enfans prétendans droit en la succession dudit feu seigneur archevesque n'apportera aucun empeschement à l'exécution de la présente disposition, pour n'avoir esté faite du chef de la dite dame, mais seulement pour exécuter la volonté du dit deffunt, qui a toujours esté telle, ainsi qu'il l'a dit et déclaré à plusieurs personnes. »

La condition imposée par la donatrice aux Jésuites de dédier leur nouvelle église à l'Immaculée Conception est remarquable. C'est en 1661 seulement, en effet, que le pape Alexandre VII, par sa bulle *Sollicitudo omnium ecclesiarum*, permit de rendre un culte public à l'Immaculée Conception. L'église du collège d'Alençon devait donc être, dans la pensée de la pieuse mère de l'archevêque de Narbonne, une des premières que la France eût consacrée à la glorification de ce dogme, autorisé, mais non encore proclamé solennellement par le chef de l'église universelle (1). Malheureusement cet édifice ne fut terminé que dans les premières années du XVIIIe siècle, et Louis XIV, par un brevet du 14 mai 1700, ayant permis aux Pères de se servir des matériaux de l'ancienne chapelle de Saint-Joseph, bâtie dans le Parc, par la bienheureuse Marguerite de Lorraine, duchesse d'Alençon, et d'en réunir le titre à leur église, à la charge d'acquitter les fondations, ceux-ci durent se soumettre aux conditions nouvelles imposées par le monarque, et c'est ainsi que l'église de leur collège fut dédiée à saint Joseph.

(1) Cette consécration eût paru d'autant plus convenable pour l'église du collège d'Alençon, que depuis le XIe siècle la Conception de la Sainte Vierge (8 septembre), est la « Fête aux Normands ».

Caen, Imp. H. Delesques.

www.ingramcontent.com/pod-product-compliance
Ingram Content Group UK Ltd.
Pitfield, Milton Keynes, MK11 3LW, UK
UKHW020429220726
13923UKWH00005B/2149

9 782019 216726